ほりえさちこ

糖質・食物繊維・たんぱく質・脂質・ビタミン・ミネラル

6大栄養素がとれる かんたん パワーサラダ

主婦と生活社

はじめに

パワーサラダは、肉や魚、野菜などさまざまな具材を
ボリュームたっぷりに盛りつけた、主食になるサラダのこと。
アメリカのセレブが火つけ役になって日本でも広まりましたが、
最近は栄養もしっかりとれることで、ますます人気を集めています。

この本で紹介するレシピは、糖質、食物繊維、たんぱく質、
脂質、ビタミン、ミネラルの6大栄養素を
まんべんなくとれるように考えられているので、健康を意識したい人にぴったり。
トッピングや作りおき、ドレッシングなどで味の変化をつければ、
飽きずに毎日の食卓に取り入れられます。

調理が簡単なこともパワーサラダのメリット。
切る、ゆでるといったシンプルな作り方なので、料理が苦手な人や
献立を考えるのが面倒な人、忙しい人にとっても食事作りの負担がありません。
パワーサラダならではの華やかな盛りつけも楽しみながら、
おいしく食べて健康増進に役立ててみませんか。

もくじ

PART1
春夏秋冬
旬野菜のサラダ

PART2
たんぱく質食材別
パワーサラダ

この本のレシピについて

※野菜の皮や種、わたなどは、特に記載がない限り、下処理したものとします。
※大さじ１＝15mℓ、小さじ１＝5mℓ、１カップ＝200mℓです。
※電子レンジは600Wのものを使用。500Wの場合は加熱時間を1.2倍、700Wの場合は0.8倍にするなど、お手持ちの機器に合わせて調整してください。
※材料写真は１人分です。
※材料にあるアイコンは、素材に含まれるおもな栄養素を表します。

た たんぱく質　脂 脂質　糖 糖質　食 食物繊維
ビ ビタミン　ミ ミネラル

Power salad

“パワーサラダ”のここがラク！

献立を考えなくていい

毎日毎食、おかずや主食の組み合わせを考えて料理をするのは大変。さらに栄養バランスも、となると、なかなかむずかしいものです。この本で紹介するレシピは、ひと皿で6大栄養素がすべてとれるので、献立を考えずに体にいい食事ができるのがメリット。料理の負担もグッと減らせます。

朝、昼、夜
いつ食べても
OK！

サラダはお腹にたまらないと思いがちですが、穀類や根菜から糖質がとれるパワーサラダは食べごたえ満点。たんぱく質や脂質、ビタミンはもちろん、エネルギー源の糖質がとれるので朝や昼の食事にもぴったりです。運動前後やごちそうを食べた翌日の夜など、軽めにすませたいときにもおすすめ。

健康に欠かせない6大栄養素のこと

私たちの体は、下にあげる6つの栄養素で作られています。この本のパワーサラダは、これらの栄養素を過不足なくとれるように考え、おいしく食べられる工夫を凝らしています。

筋肉や血液をつくります
たんぱく質
体の細胞をつくる材料になる栄養素で、不足すると筋力不足になったり、疲れやすくなるなどの影響があります。摂取したたんぱく質はアミノ酸に分解されて一部が小腸で吸収されますが、その代謝過程ではビタミンB_6が必要です。

体を動かすエネルギーに
糖質
ビタミンB_1によって代謝された糖質は最終的にブドウ糖となり、体や脳を動かす大切なエネルギー源になります。現代人は摂取過剰になりがちですが、不足も体にとってマイナスなので、年齢や生活に応じた適切な量が必要です。

エネルギーの素。とりすぎはNG
脂質
細胞やホルモン、胆汁酸をつくるコレステロールの材料になったり、エネルギー源になるもので、体に必要不可欠な栄養素。とりすぎると中性脂肪が増えて肥満の原因にもなるので、適切な量の摂取が大切。

腸内環境を整えます
食物繊維
人の消化酵素では消化吸収されない栄養素ですが、腸内微生物の栄養源となることから、大腸の健康維持で注目を集めています。水溶性と不溶性があり、水溶性は便をやわらかくし、不溶性は便のかさを増やすのにも役立ちます。

体内ではつくり出せない栄養素
ビタミン
糖質、たんぱく質、脂質の3大栄養素をスムーズに働かせるために役立つ栄養素。水溶性と脂溶性があり、水溶性ビタミンB群は3大栄養素の代謝を助ける補酵素として必要なので不足しないように心がけて。

体の調子を整える働き
ミネラル
主要ミネラルはカルシウム、ナトリウム、カリウムなど4種類。そのほかに微量ミネラル9種類が人体に必要とされています。ビタミン同様に、体の調子を整える働きがあり、体内でつくれないため食事から摂取します。

抗酸化物質も見逃せない!

アントシアニンやカテキンなどのポリフェノール、リコピン、アスタキサンチンなど、野菜や果物に多く含まれる化学成分は、体の老化や病気を防ぐ抗酸化作用が期待されています。パワーサラダでしっかりとりましょう。

パワーサラダにおすすめの食材

野菜や果物、きのこ

旬に出回る新鮮なものを選んで

ビタミン、ミネラル、食物繊維などの摂取源になり、根菜は糖質、きのこはビタミンDも多く含まれています。季節や鮮度によって栄養価やおいしさが大きく変わるので、旬を意識して取り入れ、新鮮なうちに食べましょう。

肉・魚介・卵・豆製品

たんぱく質源となる食材

肉、魚介、卵、乳製品の動物性たんぱく質と、豆製品の植物性たんぱく質があります。動物性たんぱく質は必須アミノ酸をすべて含み、吸収率も良好。植物性たんぱく質を含む食材はビタミンやミネラルが豊富で脂質が少なめ。体調や気分に合わせ、上手に取り入れて。

6大栄養素のおもな摂取源は、穀類、肉、魚、卵、豆製品、野菜、きのこなど。
これらを組み合わせることで、手軽に栄養バランスが整います。

パン・麺・穀類・いも

エネルギー源になる糖質が豊富

米、小麦などの穀類、春雨、さつまいも、じゃがいもなどに含まれるでんぷん質には、糖質が豊富に含まれています。ミネラルや食物繊維などもとれるキヌア、麦、オートミールなどの雑穀も取り入れると変化がつきます。

缶詰や加工品

手間をかけずにすぐ使えて重宝

豆類は野菜のなかでもたんぱく質や糖質が多く、栄養満点。水煮や缶詰で手軽に使えるのも魅力です。かに風味かまぼこやちくわ、ツナやさば缶などの魚介加工品もたんぱく質源として肉や魚の代わりになります。

パワーサラダを
おいしく簡単に作るコツ

パワーサラダはいろいろな材料を使いますが、調理はとても簡単。
いくつかのポイントを知っておくと、手際よくスムーズに作れます。

1 野菜はしっかり水きりする

葉野菜など生で食べる食材は、余分な水分が残っていると味が薄まったり、水っぽく感じます。水洗い後は、ペーパータオルやサラダスピナーなどでよく水けをきりましょう。

2 ゆでるものは なるべく1つの鍋で

食材ごとに鍋を用意するのは時間もかかり、洗う手間も増えてしまいます。パスタも野菜も同じ鍋でゆでられる場合は湯を使い回し、火が通った順にざるにあげていくとラクチン。

3 ゆでおきストックも便利

ゆでる手間を省きたいときや、野菜を多めに買ったときは、まとめてゆでておくのも手。少量使う穀類もゆでて小分け保存しておくと、使いたいときにすぐ使えます。卵も、かたゆでなら冷蔵で3～4日保存可能(殻をむかず、ひびのない状態)。

4 食べる直前にあえる

塩分が入ると食材から水分が出て、水っぽくなってしまいます。食べるまでに時間がある場合は、味つけ手前の状態でおき、食べる直前に調味すること。味つけしたら早めに食べましょう。

5 ドレッシングがおいしさの決め手!

市販のドレッシングも種類豊富ですが、パワーサラダを楽しむならぜひ手作りにチャレンジ。調味料を混ぜるだけで、お店レベルのおいしさになります。p.78〜でもさまざまなドレッシングを紹介しているので、自由に楽しんで。

6 盛りつけを楽しむ

さまざまな食材を使うパワーサラダは、盛りつけの工夫も楽しみのひとつ。ルールはないので、その日の気分で器や配置を変えて、彩りよく盛りつけてみましょう。色とりどりの美しいビジュアルは、食欲増進やホルモン活性化にもつながります。

PART1 春夏秋冬 旬野菜のサラダ

サラダの主役である野菜は、
「旬」という食べごろの時期があります。
野菜自身がもっとも充実している
そのタイミングは、味も栄養も
ピーク。四季の恵みを
逃すことなくいただきながら、
季節の体調を整えましょう。

春のサラダ

春は野菜の種類が充実する季節。春キャベツや
新玉ねぎなどこの季節ならではの野菜も
多いので、さまざまな形でとりながら
体をシャキッと目覚めさせましょう。

春の緑をたっぷり。
牛肉で食べごたえもバツグン

緑の野菜と焼き肉のサラダ

Green vegetables and grilled meat salad

そら豆、スナップえんどう、キャベツ、クレソンなど
春のエネルギーを感じる緑野菜に、牛肉をプラス。
クレソンの苦みで牛肉がさっぱり食べられます。

材料（2人分）

- 牛切り落とし肉（焼き肉用）**a** ……180〜200g た 脂
- スナップえんどう **b** ……10本 ビ
- 春キャベツ **c** ……2〜3枚（150g） 食 ビ
- そら豆 **d** ……16粒 た ビ ミ
- クレソン **e** ……50g 食 ミ
- 紫玉ねぎ **f** ……¼個 食 ミ
- バゲット **g** ……1cm厚さ6枚 糖
- オリーブ油・塩・こしょう・レモン

作り方

1 フライパンにオリーブ油小さじ2を熱し、牛肉を焼いて塩、こしょう各適量をふる。クレソンは水に10分ほどさらし、ざく切りにする。スナップえんどうは筋を除いて塩ゆでし、そら豆は塩ゆでして薄皮をむく。紫玉ねぎは繊維を断って薄切り、キャベツは3cm四方に切り、それぞれ水にさらす。

2 器に**1**を盛り、焼き肉のたれドレッシングをかける。くし形切りにしたレモン、バゲットを添える。

焼き肉のたれドレッシング 脂

焼き肉のたれ大さじ4、酢大さじ1、ごま油小さじ2を混ぜる。

菜の花と新じゃがのツナサラダ

Tuna salad with canola flower and new potatoes

ほのかな苦みのある菜の花と、シャキシャキした歯ざわりの春レタスをたっぷりと。
菜の花もじゃがいももビタミンCが多く、丈夫な粘膜を保つのに役立ちます。

材料（2人分）

ツナ水煮缶 **a** ……2缶（140g） た

ゆで卵 **b** ……2個分 た 脂

菜の花 **c** ……100g 食 ビ ミ

新じゃがいも **d** ……2個 糖 ビ

春レタス **e** ……120～150g 食 ビ

作り方

1 ツナは汁けをきる。じゃがいもは皮ごとひと口大に切って塩ゆで。菜の花はさっとゆでて食べやすい大きさに切る。

2 器にちぎったレタス、**1**、輪切りにしたゆで卵を盛り、粒マスタードドレッシングをかける。

粒マスタードドレッシング 脂

白ワインビネガー大さじ3、オリーブ油大さじ2、粒マスタード大さじ1、きび砂糖小さじ2、塩・こしょう各少々を混ぜる。

ホクホクの
食感と春の薫りを
さわやか
ドレッシングで

とろっとしたサーモンが
うまみを加えます

サーモンと新玉ねぎの梅わかめサラダ

Salmon and spring onion salad with wakame

脂質の多いサーモンに、苦みのある貝割れ菜や新玉ねぎがマッチ。
糖質源のキヌアは、酵素の働きを助けるビタミンB群や食物繊維が豊富です。

材料（2人分）

- サーモン（刺身用）**a**……180g た 脂
- 新玉ねぎ **b**……1個 食 ミ
- グリーンアスパラガス **c**……4本 た ビ
- 貝割れ菜 **d**……1パック ビ
- 乾燥わかめ **e**……6g ビ ミ
- ゆでキヌア **f**……50g（ゆで方p.33） 糖 食 ビ

作り方

1 新玉ねぎは繊維を断って薄切りにし、水にさらす。わかめは水でもどし、それぞれ水けをきる。アスパラガスは根元のかたい部分を除いて塩ゆでし、食べやすい大きさに切る。貝割れ菜は根元を切り、長さ半分に切る。サーモンは1.5cm角に切る。

2 器に**1**、キヌアを盛り、梅ポンドレッシングをかける。

梅ポンドレッシング 脂

ポン酢しょうゆ大さじ5、梅肉10g、ごま油大さじ1を混ぜる。

夏のサラダ

食欲を増進する薬味、エネルギーの源になる
糖質とともに、汗で失われるビタミン、
ミネラルも穀類や野菜で摂取。
バランスよく組み合わせて夏に強い体を作ります。

香ばしくてヘルシーな
全粒粉パスタを使って

たっぷり夏野菜のパスタサラダ

Pasta salad with summer vegetables

糖質源のパスタは、全粒粉を選ぶとビタミンやミネラル量がアップ。
注目は枝豆。野菜のなかでもたんぱく質が豊富なので、
夏は積極的に活用しましょう。

材料（2人分）

- ゆで卵 **a**……2個分 た 脂
- かに風味かまぼこ **b**……6本 た
- ヤングコーン **c**……8本 糖 食
- オクラ **d**……8本 食 ビ ミ
- 枝豆 **e**……正味50g た
- アボカド **f**……1個 脂 ビ
- ベビーリーフ **g**……80～100g ビ ミ
- 全粒粉スパゲティ **h**……60g 糖 ミ
- 塩・こしょう

粒マスハニードレッシング 脂

白ワインビネガー大さじ2、粒マスタード・オリーブ油各大さじ1、はちみつ小さじ1を混ぜる。

作り方

1 スパゲティは10cm長さに折り、袋の表示通りにゆでる。同じ湯で板ずりして洗ったオクラ、ヤングコーン、枝豆をゆで、オクラは1分弱で取り出して1cm幅の輪切りにする。

2 アボカドは1.5cm角に切る。かに風味かまぼこは2cm幅に切る。

3 ボウルにスパゲティ、オクラ、枝豆、**2**、粒マスハニードレッシングを入れて混ぜ、塩、こしょう各適量で味をととのえる。ベビーリーフ、ヤングコーンとともに器に盛り、半分に切ったゆで卵をのせて軽く塩をふる。

ゴーヤとささみのシーザーサラダ

Caesar salad with bitter melon and chicken fillet

夏バテ解消に役立つゴーヤは、塩もみすれば生食ＯＫ。ささみ、ドレッシングのチーズや卵黄でたんぱく質もしっかりとれます。クルトンで食感もアップ。

材料（2人分）

鶏ささみ **a**……4本 た

ゴーヤ **b**……½本 食 ビ ミ

ロメインレタス **c**……150g 食 ビ

トマト **d**……大1個 ビ

クルトン **e**……大さじ6（作り方p.30） 糖

ミックスナッツ（素焼き） **f**
……適量 脂 ビ

塩・こしょう・酒

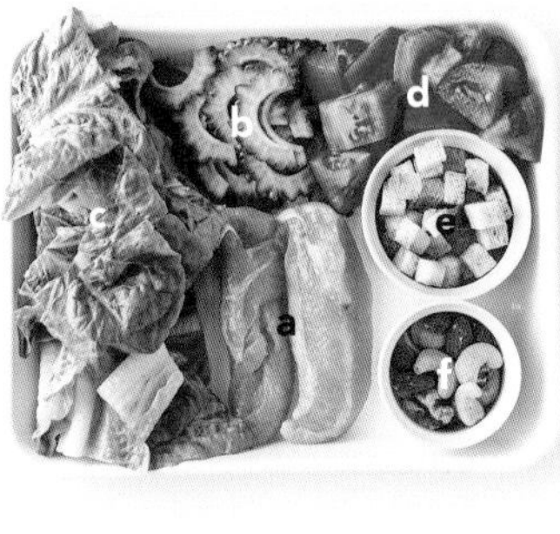

作り方

1 ゴーヤは薄切りにして塩ひとつまみをふってもみ込み、10分おいて水けを絞る。トマトはざく切りにする。

2 ささみは筋を除き、塩、こしょう各少々、酒小さじ2をふる。耐熱容器にのせてラップをかけ、電子レンジで3分加熱する。上下を返してさらに1〜2分加熱してそのまま粗熱を取り、食べやすい大きさに裂く。

3 5〜6cm幅に切ったロメインレタス、ゴーヤを合わせて器に盛り、**2**、トマトをのせてクルトン、ナッツを散らす。シーザードレッシングをかける。

シーザードレッシング た 脂

卵黄1個、粉チーズ大さじ2、レモン汁・オリーブ油各大さじ1、おろしにんにく½片分、塩小さじ⅓、粒マスタード・きび砂糖各小さじ1を混ぜる。

香味野菜と戻りがつおのサラダ

Bonito salad with aromatic vegetables

かつおは脂がのりはじめる初夏が旬。香りが強い魚ですが、香味野菜をたっぷり添えることで食べやすくなります。黄色いもちきびで彩りよく盛りつけて。

材料（2人分）

- かつおのたたき **a**……200g た 脂 ミ
- きゅうり **b**……1本 ビ ミ
- 水菜 **c**……120g ビ ミ
- 青じそ **d**……4枚 ビ ミ
- みょうが **e**……2本 ミ
- セロリ **f**……½本（60g） 食 ビ ミ
- ゆでもちきび **g**……50g（ゆで方p.33） 糖 食
- 塩

作り方

1 かつおは食べやすく切る。きゅうりは1cm角に切り、水菜はざく切り、青じそはせん切り、みょうが、セロリは細切りにする。

2 **1**をにんにく中華だれでさっとあえ、塩適量で味をととのえる。器に盛り、もちきびをのせる。

にんにく中華だれ 脂

ごま油大さじ1、鶏ガラスープの素・酢各小さじ1、おろしにんにく小さじ½を混ぜる。

Autumn

秋のサラダ

鮭、さんま、根菜、きのこなどの秋の味覚は、
シンプルに焼いたり蒸すだけでおいしい。
根菜は糖質や食物繊維を多く含むので、
ひと皿で十分な食べごたえがあります。

コクのある
バルサミコだれで
味わい深く

鮭ときのこのガーリックサラダ

Garlic salmon and mushrooms salad

食物繊維の豊富なごぼう、きのこ、水菜に、
さっぱりとした秋鮭をのせたおかずサラダ。
トッピングの甘栗は糖質源になるとともに、味のアクセントにも。

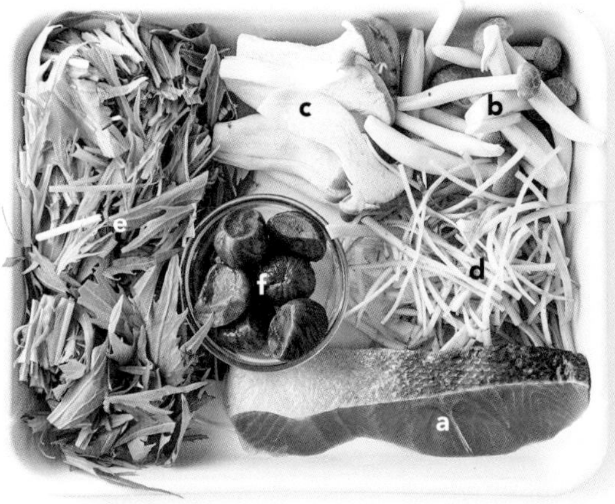

材料（2人分）

- 生鮭 **a** ……2切れ た 脂
- しめじ **b** ……1パック（100g） 食 ミ
- エリンギ **c** ……1パック（100g） 食 ミ
- ごぼう **d** ……80g 食
- 水菜 **e** ……100g ビ ミ
- むき甘栗 **f** ……80g 糖
- オリーブ油・にんにく・塩・こしょう・粗びき黒こしょう

作り方

1 ごぼうは細切りにしてゆでる。しめじはほぐし、エリンギは薄切りにする。水菜はざく切りにしてさっと水にさらす。

2 フライパンにオリーブ油大さじ1、にんにくの薄切り1片分を入れて弱火にかけ、にんにくが色づいたら取り出す。鮭に塩、こしょう各少々をふって中火で両面を焼き、空いている場所できのこを焼く。

3 器に水菜、きのこ、ごぼう、鮭を盛り、バルサミコだれをかけて甘栗を散らす。粗びき黒こしょう適量をふる。

バルサミコだれ 糖

バルサミコ酢大さじ3、しょうゆ大さじ1、はちみつ大さじ½を混ぜる。

豚肉やかぼちゃなど食べごたえのある食材に、
食物繊維を含む
マッシュルームや全粒粉パンをプラス。
さわやかなヨーグルト
ドレッシングは肉にもマッチ。

ホクホクかぼちゃと
きのこで季節を味わう

Grilled pork salad with mushroom and pumpkin

マッシュルームとかぼちゃのポークサラダ

材料（2人分）

豚ロース肉（とんかつ用）**a**……2枚 た 脂

かぼちゃ **b**……160g 糖 ビ

マッシュルーム **c**……6個 食 ミ

紫キャベツ **d**……100g 食 ビ

全粒粉パン（あればナッツ入り）**e**
……適量 糖 食 ミ

オリーブ油・塩

作り方

1 豚肉は1×2cm大に切る。かぼちゃは2cm角に切り、耐熱容器に入れてラップをかけ、電子レンジで2〜3分加熱する。マッシュルームは薄切りにする。紫キャベツはせん切りにする。

2 フライパンにオリーブ油小さじ1を熱し、軽く塩をふった豚肉を焼く。空いている場所でマッシュルームをさっと焼き、取り出す。

3 器に紫キャベツ、かぼちゃ、**2**を盛り、マスタードヨーグルトドレッシングをかけて全粒粉パンを添える。

マスタードヨーグルトドレッシング た 脂

フレンチマスタード・オリーブ油各大さじ1、プレーンヨーグルト大さじ3、酢小さじ2、きび砂糖小さじ1、塩小さじ⅓、こしょう少々を混ぜる。

根菜とさんまの豆腐サラダ

Tofu salad with root vegetables and pacific saury

味つきのかば焼き缶があれば、大豆、にんじん、ひじきと合わせるだけでごちそうに。
れんこんやさつまいもでビタミンや糖質を補います。

材料（2人分）

- さんまのかば焼き缶 **a**……1缶（100g） た 脂
- 木綿豆腐 **b**……1丁 た
- 蒸し大豆 **c**……1缶（100g） た 食
- れんこん **d**……100g 糖 食 ミ
- さつまいも **e**……180g 糖 食 ビ
- にんじん **f**……60g 食 ビ ミ
- 芽ひじき **g**……5g ミ
- 塩

作り方

1 豆腐は塩小さじ$\frac{1}{2}$をふり、ペーパータオルで包んで重しをして15分ほどおき、2cm角に切る。れんこんは7〜8mm厚さの半月切り、さつまいもは皮ごと1cm幅の輪切りにしてともにゆでる。ひじきは水でもどし、にんじんはスライサーで細切りにする。

2 ボウルにひじき、にんじん、蒸し大豆を入れ、粗くほぐしたさんまのかば焼き缶を汁ごと加えて合わせる。器に**1**とともに盛り、ポン酢ドレッシングをかける。

ポン酢ドレッシング 脂

ポン酢じょうゆ大さじ4、オリーブ油大さじ1、塩少々を混ぜる。

Winter

冬のサラダ

寒い季節の旬食材には、この時期の体に必要な栄養がムダなく含まれています。不足しがちなビタミンやミネラルをとってバランスを整えましょう。

ほろ苦い春菊の風味と
さわやかなみかんがマッチ

春菊と塩麹チキンのみかんサラダ

Crown daisy and chicken added salted koji salad with mandarin orange

塩麹に漬けた鶏肉はしっとり、やわらかく絶品！
ビタミンC源のみかんもいいアクセントに。
旬の春菊は、やわらかく生で食べられるのでサラダ向きです。

材料（2人分）

- 鶏むね肉 **a** ……1枚（300g） た
- 春菊 **b** ……100g 食 ビ ミ
- みかん **c** ……2個 ビ
- ラディッシュ **d** ……5個 ミ
- 長ねぎ **e** ……10cm ビ ミ
- ゆでもちきび **f** ……50g（ゆで方p.33） 糖 食
- カッテージチーズ **g** ……50g た
- 塩麹・しょうゆ

作り方

1 鶏肉は皮を除いてひと口大に切り、塩麹大さじ2、しょうゆ大さじ½をもみ込んで1時間以上おく。魚焼きグリルで10分焼く。

2 みかんは皮をむいて房を分け、ラディッシュは薄切りにする。長ねぎは白髪ねぎにする。

3 ボウルにちぎった春菊、ラディッシュ、**1**、もちきびをさっと混ぜて器に盛り、みかん、カッテージチーズ、白髪ねぎをのせてビネガードレッシングをかける。

ビネガードレッシング 脂

白ワインビネガー・オリーブ油各大さじ2、きび砂糖・水各大さじ1、塩小さじ½、こしょう少々を混ぜる。

ブロッコリーとえびの梅シーザーサラダ

Plum taste Caesar salad with broccoli and shrimp

たんぱく質の多さで人気のブロッコリーは、寒い季節が旬。相性のいいえびを組み合わせてたんぱく質を強化します。紫玉ねぎ、にんじんで彩りアップ。

材料（2人分）

- むきえび（大）**a**……150g た
- ブロッコリー **b**……½株（150g） た ビ ミ
- 紫玉ねぎ **c**……¼個 食 ミ
- にんじん **d**……60g 食 ビ ミ
- リーフレタス **e**……150g 食 ビ
- バゲット **f**……1.5㎝厚さ4切れ 糖
- にんにく・オリーブ油

作り方

1 バゲットは軽くトーストしてにんにく適量をこすりつけ、オリーブ油を薄く塗る。

2 ブロッコリーは小房に分け、えびとともにゆでる。紫玉ねぎは繊維を断って薄切りにし、水にさらす。にんじんはピーラーで薄切りにする。

3 器にちぎったリーフレタス、**2**を盛り、梅シーザードレッシングをかけて**1**を添える。

梅シーザードレッシング た 脂

梅肉15g、プレーンヨーグルト大さじ4、酢・オリーブ油各大さじ1、粉チーズ大さじ2、塩・こしょう各適量を混ぜる。

白菜と大根のゆず風味チョレギサラダ

Korean style Chinese cabbage salad with radish and yuzu

ゆずの香りに
箸が止まらない
おいしさ

大根、白菜の2大冬野菜を細切りにして、韓国風の山盛りサラダに。ゆずの香りが食欲を増進し、散らしたじゃことのりでうまみをプラスします。

材料（2人分）

- かに風味かまぼこ **a** ……8本 た
- 白菜 **b** ……260g ビ ミ
- 大根 **c** ……120g ビ ミ
- 長いも **d** ……100g 糖 食 ミ
- ちりめんじゃこ **e** ……大さじ2 た
- 塩・こしょう・焼きのり・ゆずの皮・白いりごま

作り方

1 かに風味かまぼこは斜め半分に切る。白菜は葉をちぎり、軸は細切りにする。大根は細切り、長いもは皮つきのままポリ袋に入れてめん棒でたたき、ひと口大にする。

2 ボウルに**1**、ちりめんじゃこ、ごましょうゆドレッシング適量を入れてさっとあえ、塩、こしょうで味をととのえる。器に盛り、ちぎった焼きのり全形½枚分、すりおろしたゆずの皮、白いりごま各少々を散らす。

ごましょうゆドレッシング 脂

鶏ガラスープの素・しょうゆ各小さじ1、白すりごま・ごま油各大さじ1、おろしにんにく小さじ½、酢小さじ2を混ぜる。

Column1

ストックしておくと便利！
栄養ちょい足しトッピング

メイン食材にはならないけれど、栄養価は満点！ そんなトッピング向きの食材も上手に活用したいもの。サラダにパラパラ散らせば、彩りや食感も楽しめます。

松の実

食用の松の種子で脂質が多く、ほとんどが不飽和脂肪酸。鉄、ビタミンB_1も豊富です。

ミックスナッツ

砕いて散らすと食感が加わり、サラダのアクセントに。ビタミンEが多く含まれています。

白いりごま

粒の半分は脂質、残りは炭水化物とたんぱく質が含まれ、抗酸化成分のビタミンEも豊富。

ドライフルーツ

果実を乾燥させると、生よりも栄養価が高まります。甘みと酸味で味わいにも変化が。

クルトン

6枚切りの食パン2枚を1cm角に切り、電子レンジで2分加熱してからオーブントースターで2～3分こんがり焼くだけ（冷蔵で1週間、冷凍で1か月保存可）。カリカリの食感が楽しめます。

クコの実

クコはなす科の果樹で、日本でも自生する植物。滋養に富み、薬膳でもよく使われます。

カリカリベーコン

耐熱皿にペーパータオルを敷き、1cm幅に切ったベーコンをのせる。もう1枚のペーパータオルではさみ、電子レンジで1～2分加熱すると、クリスピーでうまみのあるトッピングに。

ちりめんじゃこ

いわしの稚魚のしらすを乾燥させたもので、調理いらずで食べられる便利食材。たんぱく質、カルシウム、ビタミンD、不飽和脂肪酸のDHA、EPAなど栄養も豊富。

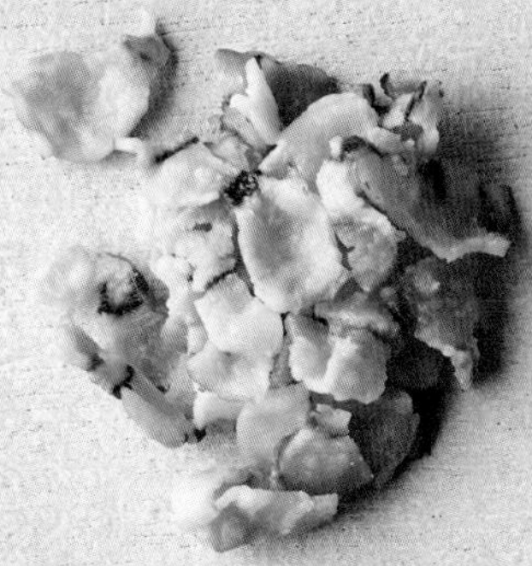

シュレッドチーズ

たんぱく質やカルシウム源になる細切りチーズ。カリカリに焼いてサラダに添えると、塩けがきいたアクセントになります。トッピングする場合は、生食できるサラダ用を選んで。

もみのり

「海の緑黄色野菜」ともいわれるほど栄養豊富で、海藻からしかとれないヨウ素も含有。散らすだけで磯の風味やうまみが加わります。ごま油を塗った韓国のりもおすすめ。

フライドガーリック

小さめのフライパンににんにくがつかるくらいのオリーブ油を弱火で熱し、薄切りのにんにくをじっくりと揚げます。薄く色づいたら油をきればでき上がり。サラダに散らすと香ばしさがアップ！

かつお節

たんぱく質が豊富でうまみもバツグン。サラダにパラパラ散らしてもいいし、ドレッシングに加えても。おいしさと栄養価を高めてくれます。

Column1

雑穀類のゆでおきもおすすめ！

個性的な味わいの雑穀は、食物繊維やミネラルが豊富。まとめてゆでて、小分け保存しておくと、いつでもサッと食べられて重宝します。

さまざまな栄養がとれる

雑穀ミックス

もち麦、黒米、赤米、もちきび、もちあわなどの雑穀や豆類を混ぜたもので、1つでさまざまな栄養がとれるのがメリット。

たんぱく質が豊富

はと麦

とうもろこしに近い雑穀で、かための食感。白米に比べてたんぱく質や脂質が多く、老廃物排出作用があるといわれています。

食物繊維たっぷり

もち麦

プチプチした食感でサラダのトッピングにぴったり。水溶性食物繊維のβ-グルカンが豊富で、腸内環境改善に役立ちます。

もちもちとしてクセがない

もちきび

きびだんごの材料で、もちっとした食感が特徴。ミネラルなどの栄養もとれます。黄色の色みはサラダの彩り役にも。

ビタミン、ミネラルもとれる

玄米

ビタミンCとカルシウム以外の栄養素が含まれ、バランス満点。炊く前によく水につけておくとやわらかく炊けます。

プチプチとした食感

キヌア

植物性たんぱく質が白米より多く、9種類の必須アミノ酸をバランスよく含むことからスーパーフードとして知られています。

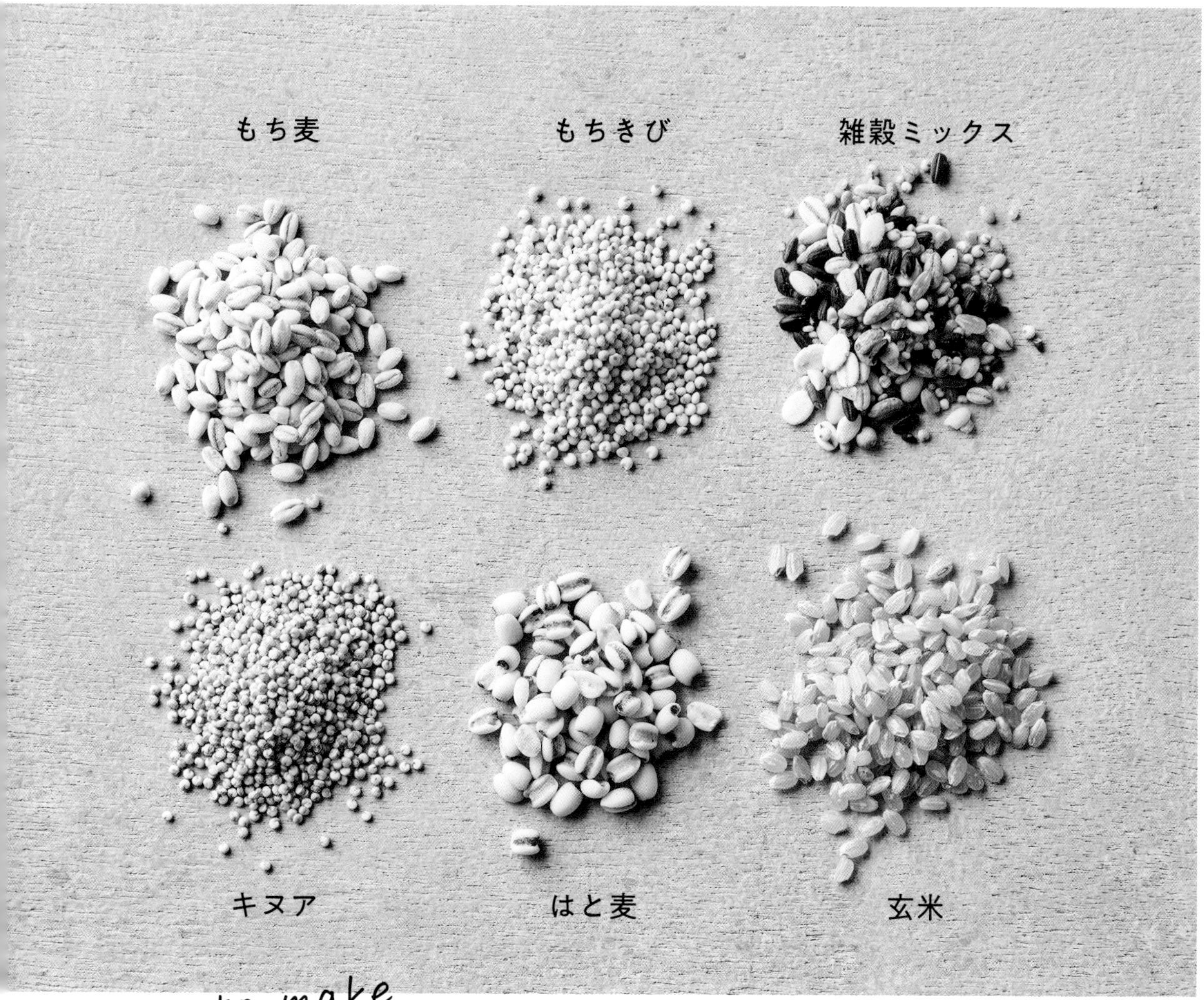

How to make

もち麦・もちきび・雑穀ミックス（共通）

材料と作り方
鍋に50g、水½カップを加えてふたをする。火にかけ、沸騰したら弱火にして15分ゆでる。火を止めてそのまま5分蒸らし、ざるにあげてさます（ぬめりが気になる場合はさっと洗う）。

キヌア

材料と作り方
鍋にキヌア50g、水½カップ（キヌア30gの場合は水60㎖）を入れてふたをし、火にかける。沸騰したら弱火にして15分ゆでる。火を止めてそのまま5分蒸らす。

はと麦

材料と作り方
はと麦100gは洗って水けをきり、たっぷりの水につけてひと晩おく。水けをきって鍋に入れ、水1カップを加えてふたをし、火にかける。沸騰したら弱火にして15～20分ゆでる。火を止めて10分蒸らす。

玄米

材料と作り方
玄米2合は洗って水けをきり、炊飯器の玄米モードで炊飯する（玄米モードがなければ6～7時間浸水させ、水を多めにして白米同様に炊く。30分ほど長く蒸らす）。

小分けにして保存すると便利！

1食分の30～50gずつラップに包み、保存袋に入れる。冷蔵3日、冷凍1か月保存可。使うときは電子レンジで温めて粗熱を取る。

※材料はすべて作りやすい分量

肉
卵
魚介

PART2 たんぱく質食材別 パワーサラダ

とっているようで、不足している人も
多いたんぱく質。野菜といっしょに
サラダでとれば、量もしっかり
食べられて元気な体をキープできます。
肉、魚介、卵・豆製品、
それぞれのたんぱく質食材が引き立つ
絶品パワーサラダをご紹介！

Meat
肉のサラダ

筋肉量アップに役立つのが、肉のサラダ。
たんぱく質が多い鶏肉、ビタミンB群が
豊富な豚肉、脂肪燃焼効果のある
牛肉など、目的に応じて選ぶと効果的。

ハーブ、フルーツ、
ナッツのハーモニー

ハーブチキンとかぶのキウイサラダ

Herb flavor grilled chicken salad with turnips and kiwi

たんぱく質豊富なむね肉は、タイムで香りをプラス。
分解酵素のアクチニジンを含むキウィといっしょに
食べると消化を促進します。くるみで食感も加えて。

材料（2人分）

- 鶏むね肉 **a**……1枚（300g） た
- かぶ **b**……2〜3個 ビ ミ
- キウィ **c**……2個 食 ビ ミ
- ベビーリーフ **d**……60g ビ ミ
- くるみ **e**……適量 脂
- ライ麦パン **f**……適量 糖
- 塩・こしょう・酒・白ワインビネガー・オリーブ油・タイムの枝

作り方

1 鶏肉は塩小さじ½、こしょう少々、酒大さじ1をもみ込む。キウィは輪切りにして白ワインビネガー小さじ2、塩少々であえる。かぶは薄い輪切りにする。

2 フライパンにオリーブ油大さじ1、タイム2本を入れて火にかけ、香りが出たらタイムを取り出し、鶏肉を片面4〜5分ずつ焼く。火が通ったらアルミホイルをかけて10分おき、薄切りにする。

3 器にかぶ、キウィ、ベビーリーフ、**2**を盛り、くるみを散らす。塩、こしょう、オリーブ油各適量をかけ、薄切りにしたライ麦パンを添える。

材料を切ってレンチン！
煮込み不要の簡単サラダ

チキンラタトゥイユのレンジサラダ

Chicken ratatouille salad

レンジで加熱すると、野菜がくたくたになって
たくさん食べられるのがうれしい。冷して食べるほか、温かいうちに
ホットサラダとして食べてもいいし、暑い季節は冷やしても。

材料（2人分）

- 鶏もも肉 **a** ……大1枚（300～330g） た 脂
- 黄パプリカ **b** ……1個（正味180g） ビ ミ
- 玉ねぎ **c** ……½個（正味100g） 食 ミ
- なす **d** ……1本（正味100g） ミ
- ズッキーニ **e** ……1本（正味230g） ビ ミ
- トマト **f** ……1個（正味200g） ビ
- バゲット **g** ……10cm 糖
- 塩・酒・顆粒コンソメ・はちみつ・オリーブ油・おろしにんにく

作り方

1 鶏肉はひと口大に切り、塩小さじ½をもみ込む。パプリカは1.5cm四方に切る。玉ねぎは2cm幅のくし形切りにして長さを3～4等分に切る。なす、ズッキーニは縦4等分にしてから2～2.5cm幅に切る。トマトは2cm角に切る。

2 直径20cm程度の耐熱ボウルに**1**、酒、顆粒コンソメ、はちみつ、オリーブ油各大さじ1、おろしにんにく小さじ½を入れて混ぜ、ラップをかけて電子レンジで8分加熱する。取り出して混ぜ、さらに3～4分加熱する。好みで冷蔵室で冷やす。

3 器に盛り、あればバジルの葉、2cm角に切ったバゲットを添える。

バンバンジーサラダ

Bangbang chicken salad

せん切り野菜で
ボリュームたっぷりに

たっぷり野菜にバンバンジーをのせておかずサラダに。濃厚な豆乳ごまだれは、抗酸化成分のビタミンEがたっぷり。糖質源のじゃがいもにもよく合います。

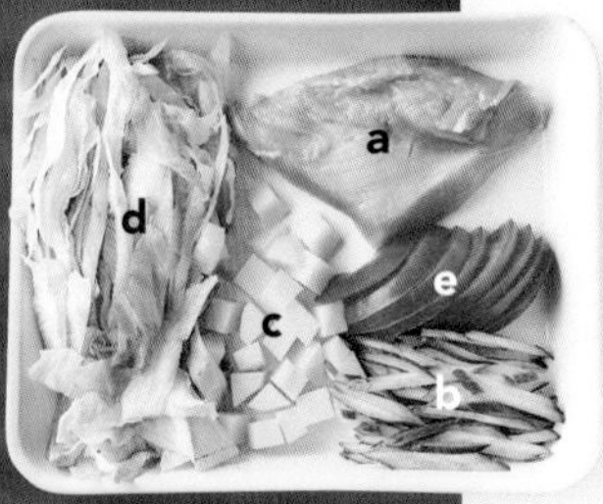

材料（2人分）

鶏むね肉 **a**……1枚（300g） た

きゅうり **b**……1本 ビ ミ

じゃがいも **c**……2個 糖 ビ

レタス **d**……150g 食 ビ

トマト **e**……1個 ビ

塩・こしょう・酒

作り方

1 鶏肉は耐熱皿に入れ、塩小さじ½、こしょう少々、酒大さじ1をもみ込む。ラップをかけて電子レンジで3分加熱し、上下を返してさらに1～2分加熱する。そのまま粗熱を取り、手で裂く。

2 レタスは1cm幅に切る。きゅうりはせん切りにする。トマトは縦半分に切り、5～6mm幅の半月切りにする。じゃがいもは角切りにしてゆでる。

3 器にトマト、レタス、きゅうり、**1**を盛り、じゃがいもを添える。豆乳ごまだれをかける。

豆乳ごまだれ 脂 ビ

白練りごま・酢各大さじ1、白すりごま・めんつゆ（3倍濃縮）・無調整豆乳各大さじ2、砂糖小さじ1を混ぜる。

ささみとなすのオートミールサラダ

Oatmeal salad with chicken fillet and eggplant

いろいろな食感を
楽しめます

糖質やミネラルなどさまざまな
栄養が含まれるオートミールは、
パワーサラダ向きの食材。
塩もみなすときゅうりで、
みずみずしい味わいを楽しんで。

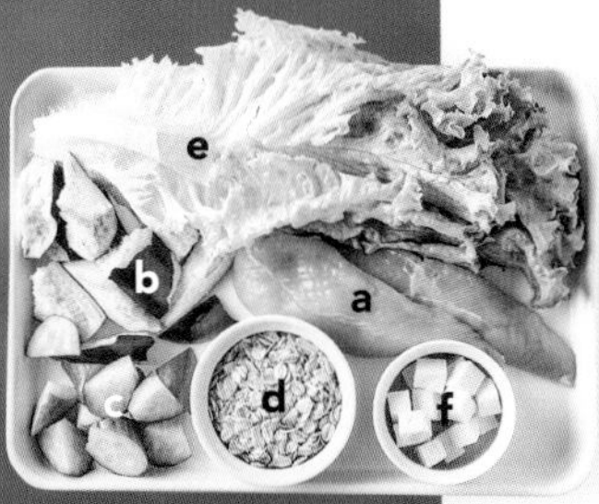

材料（2人分）

鶏ささみ **a**……4本 た

なす **b**……2本 ミ

きゅうり **c**……1本 ビ ミ

オートミール **d**……50g た 糖 食

リーフレタス **e**……150g 食 ビ

プロセスチーズ **f**……50g た ミ

塩・こしょう・酒

作り方

1 ささみは筋を除き、耐熱皿に入れて塩小さじ⅓、こしょう少々、酒大さじ1をもみ込む。ラップをかけて電子レンジで3〜4分加熱し、食べやすく裂く。

2 なすはへたを落とし、縦に十字の切り込みを入れる。食べやすい大きさに裂いて塩ひとつまみを揉み込む。きゅうりは乱切りにする。

3 耐熱ボウルにオートミール、水80mℓを入れ、ラップをかけずに電子レンジで1分30秒加熱する。**1**、**2**、めんつゆドレッシングを加えてあえる。

4 器にちぎったリーフレタスを敷き、**3**をのせる。角切りにしたプロセスチーズを散らす。

めんつゆドレッシング 脂

めんつゆ（3倍濃縮）・水各大さじ3、酢・ごま油各大さじ1、白すりごま小さじ1を混ぜる。

さっとゆでた素材に
焦がしねぎのドレッシングが合う

根菜と豚しゃぶの温サラダ

Hot salad with root vegetables and pork shabushabu

野菜も豚肉もゆでるだけ。シンプルで食べやすい温サラダは、風味豊かな焦がしねぎのドレッシングと相性バツグンです。糖質源の雑穀は食物繊維も豊富。

材料（2人分）

- 豚肉（しゃぶしゃぶ用）**a**……220g た 脂
- スナップえんどう **b**……10〜12本 ビ
- ブロッコリー **c**……½株（150g） た ビ ミ
- にんじん **d**……120g 食 ビ ミ
- れんこん **e**……120g 糖 食 ミ
- ゆで雑穀ミックス **f**……50g（ゆで方p.33） 糖 食
- 焦がしねぎの中華ドレッシング（作り方p.81） 脂

作り方

1 スナップえんどうは筋を除く。ブロッコリーは小房に分ける。にんじんとれんこんは5〜6㎜厚さの輪切りにする。すべて塩ゆでにする。

2 豚肉はゆでて水にとってさまし、**1**、雑穀ミックスとともに器に盛り、中華ドレッシング適量をかける。

豚ヒレ肉のエスニックサラダ

Ethnic salad with pork fillet

好みのショートパスタで
カフェ風に

ヒレ肉は豚肉のなかでも脂質が
少なく、たんぱく質が多め。
ダイエット中のパワーチャージに
おすすめです。ナッツで抗酸化
成分のビタミンEや脂質を摂取。

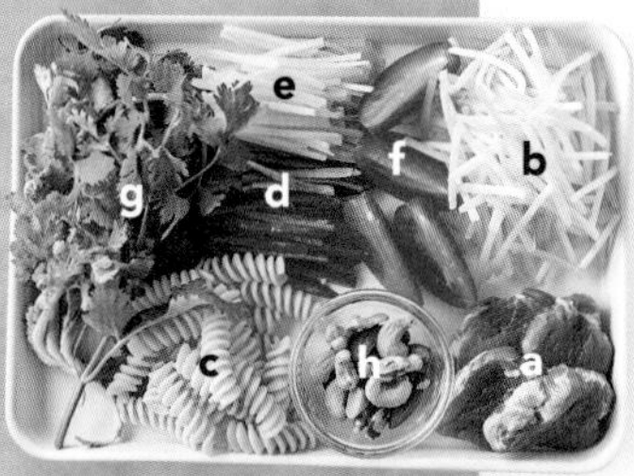

材料（2人分）

- 豚ヒレ肉 **a** ……220g た
- もやし **b** ……100g 食 ビ
- 好みのショートパスタ **c** ……60g 糖
- 赤・緑ピーマン **d** ……各1個 ビ
- セロリ **e** ……1本 食 ビ ミ
- トマト **f** ……1個 ビ
- パクチー **g** ……60g ビ
- ミックスナッツ（素焼き）**h** ……適量 脂 ビ
- おろしにんにく・オリーブ油・塩・こしょう

作り方

1 ショートパスタは袋の表示通りにゆで、おろしにんにく少々、オリーブ油小さじ1を混ぜる。もやしは好みでひげ根を取り、さっとゆでて水けをきる。

2 豚肉は1cm厚さに切り、塩、こしょう各少々をふる。ピーマン、セロリは細切りにする。トマトはくし形に切る。フライパンにオリーブ油小さじ1を熱し、豚肉を焼く。

3 器に**1**、**2**を盛り、エスニックだれをかけてパクチーの葉、ナッツをのせる。

エスニックだれ 脂

ナンプラー・酢・オリーブ油・きび砂糖・水各大さじ2、赤唐辛子の輪切り½本分、レモン汁小さじ1、塩・こしょう各少々を混ぜる。

なすとオクラ、豚肉の和風サラダ

Japanese pork salad with eggplant and okra

レンチンして漬けるだけなので、
時間がないときにも重宝。
ビタミンA・C・Eを含む、
アンチエイジング野菜のかぼちゃは
美肌づくりにも役立ちます。

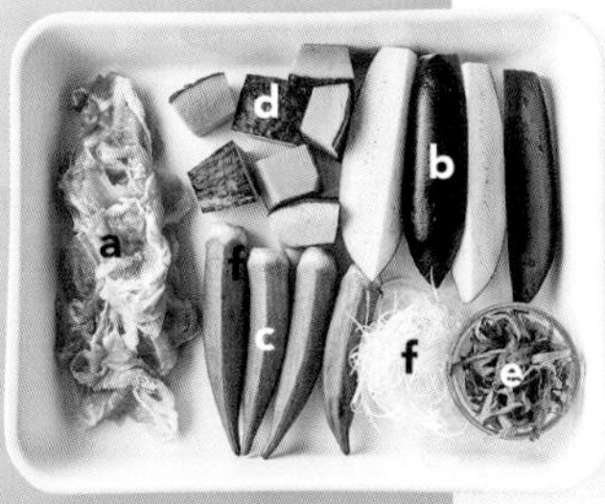

さっぱりとした
煮びたし風
サラダ

材料（2人分）

- 豚しゃぶしゃぶ用肉 **a**……220g た 脂
- なす **b**……2本 ミ
- オクラ **c**……8本 食 ビ ミ
- かぼちゃ **d**……180g 糖 ビ
- 青じそ **e**……4枚 ビ ミ
- 長ねぎ **f**……10㎝ ビ ミ
- 塩・オリーブ油・めんつゆ（3倍濃縮）・酢

作り方

1 オクラは塩適量をふって板ずりし、豚肉とともにゆでる。なすは縦4等分、かぼちゃはひと口大に切る。青じそはせん切り、長ねぎは白髪ねぎにする。

2 耐熱容器にかぼちゃ、なすを入れ、なすにオリーブ油小さじ1をかける。ラップをかけて電子レンジで3～4分加熱する。

3 ボウルにめんつゆ大さじ5、酢大さじ1、水大さじ8を入れて混ぜ、**2**、オクラ、豚肉を加えて10分ほどおく。器に盛り、青じそ、白髪ねぎを合わせてのせる。

豚キムチれんこんサラダ

Fried pork salad with kimchi and renkon

うまみたっぷりのキムチで、フレッシュな生の春菊がおいしく食べられます。
れんこんは食物繊維が多いので、腹持ちもよく、食べごたえあり！

材料（2人分）

豚こま切れ肉 **a** ……200g た 脂

白菜キムチ **b** ……150g 食 ビ

れんこん **c** ……120g 糖 食 ミ

春菊 **d** ……100g 食 ビ ミ

ごま油・酢・しょうゆ・塩・
万能ねぎ

作り方

1 れんこんは5～6㎜厚さの輪切りか半月切りにする。春菊はざく切りにする。

2 フライパンにごま油大さじ2を熱し、れんこんを両面焼く。空いているところで豚肉を炒め、肉の色が変わってきたら豚肉とれんこんを混ぜる。白菜キムチを加えてさっと炒め、酢大さじ1、しょうゆ大さじ1と½を加える。塩適量で味をととのえる。

3 器に春菊、**2**を盛り、小口切りにした万能ねぎ適量を散らす。

牛肉と豆苗の春雨サラダ

Beef and rice noodles salad with pea sprout

シャキシャキ、コリコリ、ツルツル、さまざまな食感が楽しめるサラダ。
疲労回復効果が欲しいときは、牛肉の代わりに豚こま切れ肉にしても。

材料（2人分）

- 牛切り落とし肉 **a** ……160g 〔た〕〔脂〕
- 豆苗 **b** ……1袋 〔た〕〔食〕〔ビ〕〔ミ〕
- 春雨 **c** ……50g 〔糖〕
- 乾燥きくらげ **d** ……4g 〔食〕〔ビ〕
- ミニトマト **e** ……8個 〔ビ〕〔糖〕
- 梅ポン青じそドレッシング
  （作り方p.79） 〔脂〕

作り方

1 きくらげは水でもどし、食べやすい大きさに切る。豆苗は根元を切り落とし、食べやすい長さに切る。ミニトマトは半分に切る。

2 直径20cm程度の耐熱ボウルに春雨、牛肉、水180mℓを入れ、ラップをかけて電子レンジで3～4分加熱する。春雨がもどって肉に火が通ったらそのまま3分ほど蒸らしてざるにあげ、さっと洗って水けを絞る。きくらげ、豆苗、ミニトマトを加え、梅ポン青じそドレッシング大さじ5～6を加えてあえる。

肉［豚肉・牛肉］

骨つき肉でごちそう風。
おもてなしにも

ラムチョップサラダ

Lamb chops salad with salsa dressing

ラム（羊肉）は脂肪燃焼を促進するL-カルニチンやビタミンB群、
鉄分など女性にうれしい栄養素がいっぱい。
きのこの食物繊維で腸内環境も整えます。

材料（2人分）

ラムチョップ **a**……4本 た 脂

まいたけ **b**……1パック（100g） 食 ミ

リーフレタス **c**……180g 食 ビ

ゆでもち麦 **d**
……50g（ゆで方p.33） 糖 食 ビ

塩・粗びき黒こしょう・
クミンシード・オリーブ油

サルサドレッシング
（作り方p.80） 脂

作り方

1 ラムチョップは塩小さじ⅓、粗びき黒こしょう少々、指で軽くつぶしたクミンシード小さじ1をまぶし、10分以上おく。まいたけは小房に分ける。

2 フライパンにオリーブ油小さじ2を熱し、ラムチョップを1～2分焼く。焼き色がついたら上下を返し、とろ火で片面4～5分ずつ焼く。最後に強火にしてカリッとしたら取り出す。空いているところでまいたけを焼く。

3 器にちぎったリーフレタス、もち麦、**2**を盛り、サルサドレッシングをかける。

レバー、芽キャベツ、ほうれん草にレモンを
添えた、ビタミン充実の
ヘルシーサラダ。さっぱりした味で、
暑い季節にもおすすめです。

レバーのガーリックレモンサラダ

Liver salad flavored with garlic and lemon

栄養たっぷり。
ガーリックレモンで
香ばしく

材料（2人分）

鶏レバー **a**……200g たミ

さつまいも **b**……180g 糖食ビ

芽キャベツ **c**……6個 食ビ

サラダほうれん草 **d**
……1袋（100g）食ビミ

牛乳・おろしにんにく・レモン・
酒・塩・こしょう・オリーブ油・
しょうゆ・粗びき黒こしょう

作り方

1 鶏レバーはひと口大に切り、牛乳適量に10分ほどひたす。洗って水けを拭き、おろしにんにく小さじ1、レモン汁、酒各大さじ½、塩、こしょう各少々をもみ込む。

2 さつまいもは1㎝厚さの輪切りにし、芽キャベツは半分に切り、いっしょに3～4分ゆでる。ほうれん草はざく切りにする。

3 フライパンにオリーブ油小さじ2を熱し、**1**を焼く。しょうゆ小さじ2を加えてからめる。器に**2**とともに盛り、いちょう切りにしたレモン適量をのせて軽く塩、粗びき黒こしょうをふる。

メキシカンサラダ

Mexican salad

スパイシーな

味わいが新鮮！

タコスでおなじみの具材をサラダ仕立てにし、トルティーヤチップスとともにいただきます。タコスミートはレンチンで作れるので手軽！

材料（2人分）

- 豚ひき肉 **a**……200g た 脂
- アボカド **b**……1個 脂 ビ
- ミニトマト **c**……8個 ビ
- ロメインレタス **d**……180g 食 ビ
- プロセスチーズ **e**……50g た ミ
- トルティーヤチップス **f**……10〜12枚 糖
- 酒・クミンパウダー・おろしにんにく・塩・こしょう・タバスコ

作り方

1 耐熱皿にひき肉を入れ、酒小さじ2、クミンパウダー、おろしにんにく各小さじ½、塩小さじ⅓、こしょう、好みでタバスコ各適量を加えて混ぜ、ラップをかけて電子レンジで2〜3分加熱する。取り出して混ぜ、そぼろにする。

2 アボカドは1〜2cm角に切る。ミニトマトは4等分、レタスは1cm幅に切る。プロセスチーズは1cm角に切る。

3 器に**2**を盛り、**1**をのせてトルティーヤチップスを添える。メキシカンドレッシングをかける。

メキシカンドレッシング 脂

トマトケチャップ・フレンチマスタード各大さじ2、レモン汁・オリーブ油各大さじ1、はちみつ小さじ1、好みでタバスコ適量を混ぜる。

Seafood

魚介のサラダ

蒸す、焼く、生などさまざまな調理法が楽しめる
魚介のサラダ。さっぱり食べられるものが多いので
軽めに食べたい日にもぴったりです。

見た目もかわいらしい
カラフルサラダ

しらすとダブルチーズのカップサラダ

Cup tomato salad with semi-dried young sardins and cheese

トマトカップも食べられるおしゃれなサラダ。カリカリに焼いたピザ用チーズとクリームチーズ、しらすでたんぱく質も十分。レタスで包んでもおいしい。

材料（2人分）

しらす **a**……大さじ2 た

クリームチーズ（常温においたもの）**b**……50g た 脂

ピザ用チーズ **c**……40g た 脂

トマト **d**……大2個 ビ

セロリ **e**……50g 食 ビ ミ

きゅうり **f**……½本 ビ ミ

パプリカ **g**……50g ビ ミ

ゆでもち麦（ゆで方p.33）**h**……50g 糖 食 ビ

リーフレタス **i**……120g 食 ビ

塩

ゆずビネグレットドレッシング（作り方p.81）脂

作り方

1 セロリ、きゅうり、パプリカは7㎜角に切ってボウルに入れ、もち麦、しらす、クリームチーズを加えて混ぜる。ゆずビネグレットドレッシング大さじ3～4を加えてあえる。

2 フライパンにピザ用チーズを直径4㎝くらいの大きさにしてのせ、中火にかける。チーズが溶けて軽く色づいてきたら上下を返し、両面焼けたらクッキングシートにのせてさます。

3 トマトは上から1㎝くらいのところを横に切り、中をくりぬいてカップにする。中身は**1**に加えて混ぜ、塩適量で味をととのえてトマトカップに適量詰める。

4 器にちぎったリーフレタス、**3**のカップと残りを盛り、**2**を添える。

かじきのパン粉焼きサラダ

Grilled kajiki with panko salad

かじきはバジルパン粉で焼いて
カリカリに。プチプチ食感が
楽しいキヌアのソースも、
バジル入り。さわやかなハーブの香りで
食欲を増進します。

材料（2人分）

- めかじき **a**……2切れ た 脂
- サラダほうれん草 **b**……1袋（100g） 食 ビ ミ
- トマト **c**……1個 ビ
- かぶ **d**……2個 ビ ミ
- 塩・こしょう・パン粉・ドライバジル・オリーブ油

作り方

1 サラダほうれん草は4cm長さに切り、水にさらす。トマトはざく切り、かぶは縦半分に切って5mm厚さに切る。

2 かじきは塩、こしょう各適量をふる。パン粉大さじ2、ドライバジル小さじ½、オリーブ油小さじ2を合わせてかじきの片面にまぶし、パン粉の面を上にしてオーブントースターの天板に並べて8分ほど焼く（焼き色がついてきたら焦げ防止にアルミホイルをのせる）。

3 器に**1**、**2**を盛り、バジルキヌアソースをかけ、食べるときに混ぜる。

バジルキヌアソース 脂 糖

バジルの葉のみじん切り10g、ゆでキヌア60g（ゆで方p.33）、水大さじ4、粉チーズ大さじ2、レモン汁・オリーブ油各大さじ1、塩小さじ½、おろしにんにく、こしょう各少々を混ぜる。

バジルの香りが
さわやか。
キヌアをたっぷり添えて

抗酸化成分のアスタキサンチンを含む鮭、
貧血予防に欠かせないビタミンB12を
豊富に含むあさりなど栄養満点。
蒸すと野菜のかさが減り、
たっぷり食べられます。

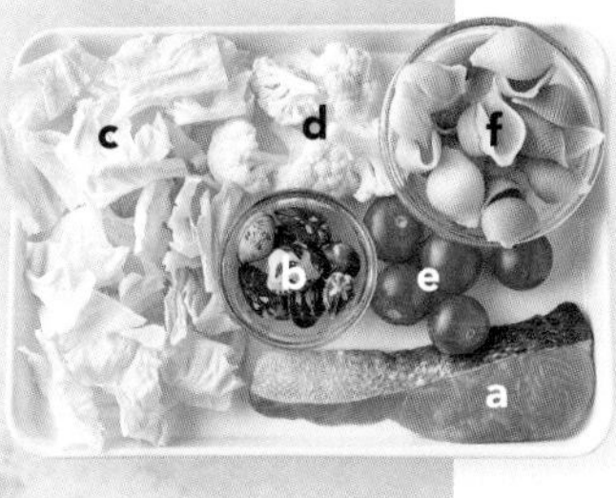

レモンをキュッと絞って
いただくパスタサラダ

鮭とあさりの蒸しサラダ

Steamed salmon and clam salad

材料（2人分）

生鮭 **a**……2切れ た 脂

あさり（砂抜きしたもの）**b**……100g ビ ミ

キャベツ **c**……150g ビ 食

カリフラワー **d**……100g 食 ビ ミ

ミニトマト **e**……8～10個 ビ

好みのショートパスタ **f**……60g 糖

塩・オリーブ油・タイム・にんにく・
白ワイン・レモン・粗びき黒こしょう

作り方

1 キャベツはざく切り、カリフラワーは小房に分ける。鮭は塩適量をふる。ショートパスタは袋の表示通りゆでる。

2 フライパンにオリーブ油大さじ1、タイム2本、つぶしたにんにく1片を入れて弱火にかけ、香りが出てきたらタイム、にんにくを取り出す。キャベツ、カリフラワー、鮭、あさりを入れて白ワイン大さじ4を加え、ふたをして蒸す。

3 あさりの口が開いたらショートパスタ、ミニトマトを加えて、さらに1分ほど蒸し、塩適量で味をととのえる。器に盛り、**2**のタイム、にんにくをのせて粗びき黒こしょうを適量ふる。くし形に切ったレモン¼個分を絞る。

さっぱりとした味わいで
飽きがこない

ぶりと根菜の南蛮サラダ

Yellowtail and root vegetables salad marinated in Nanban sauce

カルシウムの吸収に欠かせないビタミンDが含まれているぶり。
れんこん、ごぼうは糖質とともに食物繊維も多いので
食べごたえがあり、満足できます。

材料（2人分）

- ぶり **a**……2切れ た 脂
- れんこん **b**……120g 糖 食 ミ
- ごぼう **c**……80g 食
- 赤大根 **d**……50g ビ ミ
- 玉ねぎ **e**……¼個（50g） 食 ミ
- 貝割れ菜 **f**……1パック ビ
- 塩・片栗粉・オリーブ油

南蛮酢

めんつゆ（3倍濃縮）・水大さじ各6、酢・きび砂糖各大さじ2、赤唐辛子の輪切り1本分を混ぜる。

作り方

1 れんこんは7〜8㎜厚さの輪切り、ごぼうは細切りにしてそれぞれゆでる。赤大根は薄いいちょう切りにする。玉ねぎは繊維を断って薄切りにし、水にさらす。

2 ぶりはひと口大に切って塩少々をふり、数分おいて水けを拭く。片栗粉適量をまぶす。

3 フライパンにオリーブ油小さじ2を熱し、ぶりを両面焼いて南蛮酢に漬ける。**1**を加えて5分ほどおく。漬け汁ごと器に盛り、根元を切った貝割れ菜をのせる。

鯛のとろろユッケ風サラダ

Red snapper and grated yam salad

とろろとピリ辛のたれが
クセになるおいしさ

玄米ご飯に刺身と長いもをのせ、
卵黄をからめながら食べる
丼風サラダが新鮮。
刺身は白身魚のほか、
帆立、サーモンなどで作ってもおいしい。

材料（2人分）

- 鯛の刺身 **a** ……200g た
- 長いも **b** ……200g ミ 糖 食
- 玄米ご飯 **c** ……120g 糖 食
- リーフレタス **d** ……150g 食 ビ
- 卵黄 **e** ……2個分 た 脂
- 黄ミニトマト **f** ……8～10個 ビ
- 焼き肉のたれ・レモン汁・コチュジャン

作り方

1 ボウルに焼き肉のたれ大さじ5、レモン汁、コチュジャン各大さじ1を混ぜ、鯛の刺身を加えてあえる。

2 長いもは半分は1㎝角に切り、残りは皮ごとすりおろす。ミニトマトは半分に切る。

3 器にちぎったリーフレタス、玄米ご飯、角切りの長いもを合わせて盛る。すりおろした長いも、**1**、卵黄をのせてミニトマトを散らす。

まぐろとアボカド、豆腐のライスサラダ

Tofu and rice salad with tuna and avocado

森のバターと呼ばれるアボカドは
不飽和脂肪酸が多く、
同じ成分を含むまぐろと相性バツグン。
豆腐でさっぱりした味わいを加え、
バランスのいい味に。

玄米入りで
食べごたえも抜群

材料（2人分）

- まぐろ刺身用（さく）**a**……150g た 脂
- 木綿豆腐 **b**……1丁 た
- アボカド **c**……1個 脂 ビ
- トマト **d**……1個 ビ
- ベビーリーフ **e**……100g ビ ミ
- 玄米ご飯 **f**……120g 糖 食
- 白いりごま
- ゆずごしょうドレッシング（作り方p.79）脂

作り方

1 豆腐は水きりし、まぐろ、アボカド、トマトとともに1.5㎝角に切る。

2 ボウルに**1**、玄米ご飯、ゆずごしょうドレッシング大さじ4～5を入れて混ぜる。

3 器にベビーリーフ、**2**を盛り、白いりごま適量をふる。

アンチョビソースで
うまみたっぷり

たことパスタのアンチョビサラダ

Pasta salad with tako and anchovy sauce

低カロリーでダイエット向きのたこに、カリウム豊富なきゅうりをたっぷり添えて。ソースのアンチョビはたんぱく質、ミネラルを含み、味つけにも利用できて便利。

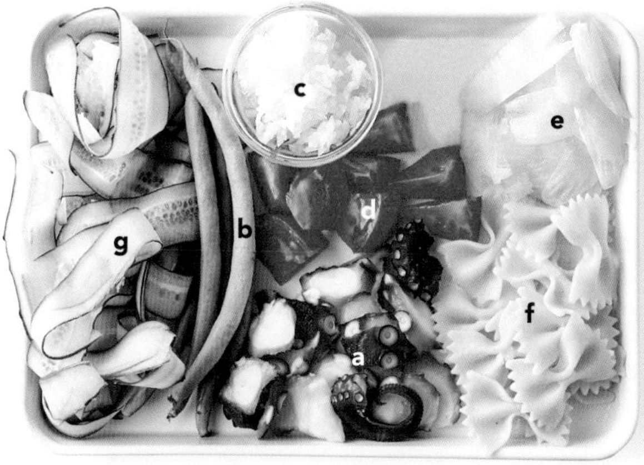

材料（2人分）

たこの刺身 **a** ……180g た ビ

さやいんげん **b** ……10本（80g） ビ

玉ねぎ **c** ……½個 食

トマト **d** ……1個 ビ

セロリ **e** ……1本 食 ビ ミ

好みのショートパスタ **f** ……60g 糖

きゅうり **g** ……2本 ビ ミ

アンチョビソース た 脂

アンチョビのみじん切り40g、おろしにんにく½片分、レモン汁・オリーブ油各大さじ1、塩小さじ½強、こしょう少々を混ぜる。

作り方

1 さやいんげんはへたを除いて塩ゆでし、3〜4cm長さに切る。玉ねぎはみじん切りにして水にさらす。トマトはざく切り、セロリは斜め薄切りにする。

2 たこは薄切りにし、ショートパスタは袋の表示通りゆでる。

3 ボウルに**1**、**2**を合わせ、アンチョビソースを加えてあえる。器に盛り、ピーラーで薄くむいたきゅうりを添える。

さば缶とズッキーニのもち麦チリサラダ

Mackerel and zucchini chili salad with pearl barley

ズッキーニ、ルッコラ、トマトに、
さば缶やもち麦をプラス。
モッツァレラチーズを添えて、
たんぱく質やビタミン、
ミネラルを強化します。

栄養バツグンの
さば缶で
簡単に作れます

材料（2人分）

- さば水煮缶 **a**……1缶（150g） た 脂
- ズッキーニ **b**……1本 ビ ミ
- ゆでもち麦 **c**……50g（ゆで方p.33） 糖 食 ビ
- ルッコラ **d**……80g ビ
- 紫玉ねぎ **e**……¼個 食 ミ
- トマト **f**……1個 ビ
- モッツァレラチーズ **g**……100g た
- 白ワインビネガー・塩・こしょう・タバスコ・オリーブ油

作り方

1 ズッキーニは7～8㎜幅の輪切り。ルッコラは水に1分ほどさらし、水けをきってざく切りにする。紫玉ねぎはみじん切りにして2分ほど水にさらす。トマトは1㎝角に切る。モッツァレラチーズは7～8㎜幅に切る。

2 ボウルに紫玉ねぎ、トマト、白ワインビネガー、オリーブ油各大さじ2、塩小さじ½、こしょう少々、タバスコ適量を混ぜる。

3 フライパンにオリーブ油大さじ1を熱し、ズッキーニを両面焼く。器に並べ、もち麦、モッツァレラチーズ、ルッコラをのせる。汁けをきり、粗くほぐしたさば缶をのせて**2**をかける。

はと麦としらたきのシーフードサラダ

Seafood salad with adlay and konjac noodles

ナンプラーベースの
ドレッシングで

パクチー好きにはたまらない
エスニックサラダ。はと麦は
ゆでおきしておくと手軽です。
ドレッシングの油は、MCT
オイルにするとよりヘルシー。

材料（2人分）

- シーフードミックス **a**……160g （た）
- ゆではと麦 **b**……50g（ゆで方p.33）（た）（糖）（ビ）
- しらたき **c**……300g （食）
- きゅうり **d**……1本 （ビ）（ミ）
- 紫玉ねぎ **e**……½個 （食）（ミ）
- 黄ミニトマト **f**……8～10個 （ビ）
- パクチー **g**……適量 （ビ）

作り方

1 シーフードミックスはゆでる。しらたきはさっとゆでてざく切りにする。きゅうりは縦半分に切って斜め薄切りにする。紫玉ねぎは繊維を断って薄切りにし、水にさらす。ミニトマトは半分に切る。

2 **1**、はと麦、アジアンドレッシングを混ぜて器に盛り、葉を摘んだパクチーをのせる。

アジアンドレッシング （脂）

ナンプラー大さじ2、レモン汁・きび砂糖各小さじ2、赤唐辛子の輪切り½本分、オリーブ油大さじ2、塩・こしょう各少々を混ぜる。

帆立とさつまいも、大根のサラダ

Scallop, sweet potato and radish salad

帆立は食物繊維を除く栄養素がすべて含まれている優秀食材。
さつまいも、ブルーベリーで食物繊維、ビタミンを補い、さわやかな酸味と甘みをプラス。

材料（2人分）

- 帆立の刺身 **a** ……12個 (た)
- 大根 **b** ……1/5～1/4本（300g） (ビ) (ミ)
- さつまいも **c** ……120g (糖) (食) (ビ)
- ブルーベリー **d** ……16粒 (ビ)
- バルサミコガーリック
  ドレッシング（作り方p.79） (脂)

作り方

1 大根はあればスライサーで細切りにする。葉30g分はみじん切りにして耐熱皿に入れ、ラップをかけて電子レンジで30秒加熱する。細切りにした大根と合わせる。

2 帆立は厚みを半分に切る。さつまいもは1.5cm角に切り、水に5～6分さらしてゆでる。

3 器に**1**、**2**、ブルーベリーを盛り、あればチャービルの葉少々を飾る。バルサミコガーリックドレッシング適量をかける。

えびと焼きなすのもちきびカクテルサラダ

とろっとした焼きなすの
食感がたまらない

とろとろの焼きなすと、ぷりっとしたえび、
歯ごたえのある
ヤングコーンでメリハリのある
食感に。コクのあるカクテル
ソースで満足感を出します。

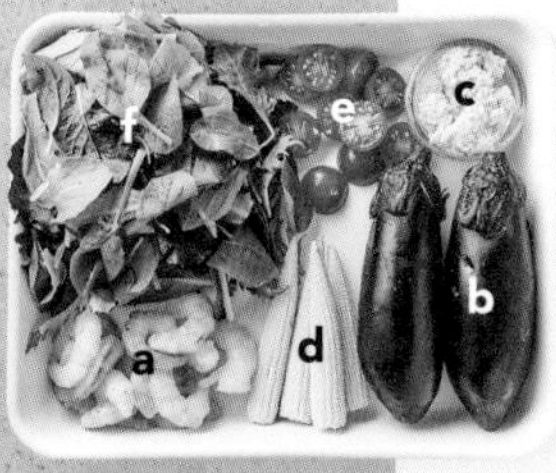

材料（2人分）

むきえび **a** ……150g た

なす **b** ……4本 ミ

ゆでもちきび **c** ……50g（ゆで方p.33） 糖 食

ヤングコーン **d** ……8本 糖 食

ミニトマト **e** ……8〜10個 ビ

ベビーリーフ **f** ……100g ビ ミ

作り方

1 むきえび、ヤングコーンはゆでる。なすは縦に数本切り込みを入れ、魚焼きグリルで全体が黒くなるまで焼く。氷水にとり、皮をむく。ミニトマトは半分に切る。

2 器にベビーリーフ、**1**、もちきびを盛り、カクテルソースをかける。

カクテルソース た 脂

トマトケチャップ大さじ2、ヨーグルト大さじ5、レモン汁・はちみつ・オリーブ油各大さじ½、塩小さじ⅓、こしょう適量を混ぜる。

Egg & Beans

卵・豆製品のサラダ

肉や魚以外のたんぱく質源として便利なのが、卵と豆製品。
卵は調理が簡単、豆製品は保存がきき、どちらも手軽。
常備しておくとサラダのバリエーションが広がります。

カレー風味で
食欲のないときにもおすすめ

ひよこ豆と野菜のサブジとグレープフルーツのサラダ

Chickpea sabzi and grapefruit salad

サブジは、スパイスで蒸したインドの野菜料理。ホクホクのひよこ豆を加え、
食べごたえを出します。グレープフルーツでさわやかな風味をプラス。

材料（2人分）

ひよこ豆 **a**……1缶（100g） た

ゆで卵 **b**……2個分 た 脂

オクラ **c**……8本 食 ビ ミ

カリフラワー **d**……160g 食 ビ ミ

かぼちゃ **e**……160g 糖 ビ

グレープフルーツ **f**……1個 ビ ミ

レタス **g**……100g 食 ビ

オリーブ油・クミンシード・
にんにくのみじん切り・
カレー粉・塩・粗びき黒こしょう

作り方

1 オクラは板ずりし、カリフラワーは小房に分ける。かぼちゃはひと口大に切る。グレープフルーツは身を取り出し、ゆで卵は輪切りにする。

2 フライパンにオリーブ油大さじ1、クミンシード大さじ½、にんにくのみじん切り1片分を弱火で炒め、パチパチと音がしたらかぼちゃを加えてさっと混ぜる。水大さじ4を加えてふたをし、3分蒸し焼きにする（途中、汁けがなくなったら水を少し足す）。

3 オクラ、カリフラワー、ひよこ豆、カレー粉大さじ½、塩小さじ½強を加えてさっと混ぜ、ふたをして3~4分蒸し焼きにしたらふたを取り、水分をとばす。

4 器に1cm幅に切ったレタス、**3**、グレープフルーツ、ゆで卵を盛る。レタスと卵に塩、粗びき黒こしょう各適量をふる。

ホクホク、サクサク…
いろんな食感が楽しめます

油揚げと豆苗のツナポテサラダ

Aburaage and pea sprouts salad with tuna and potato

大豆製品の油揚げとツナ、ドレッシングのアンチョビでたんぱく質満載。
油揚げは小さく切って豆苗と合わせると、1人1枚ペロリと食べられます。

材料（2人分）

- 油揚げ **a** ……2枚 た 脂
- ツナ水煮缶 **b** ……1缶（70g） た
- 豆苗 **c** ……1パック た 食 ビ ミ
- じゃがいも **d** ……2個 糖
- トマト **e** ……1個 ビ
- 塩
- アンチョビヨーグルトドレッシング（作り方p.80） た 脂

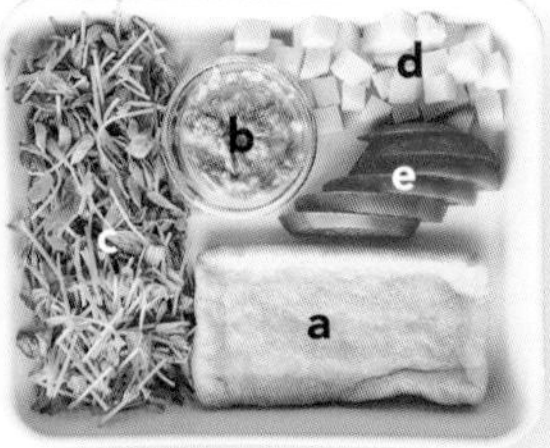

作り方

1. 油揚げはオーブントースターで焼き、短冊切りにする。豆苗は根元を落として3cm長さに切り、水にさらして水けをきる。じゃがいもは1cm角に切り、ゆでる。トマトは半分に切り、7～8mm厚さに切る。
2. ボウルに豆苗、ツナ、じゃがいも、油揚げを合わせ、アンチョビヨーグルトドレッシング大さじ4を加えてあえる。塩適量で味をととのえる。
3. 器にトマト、**2**を盛る。

塩豆腐のカプレーゼ風サラダ

Salted tofu caprese salad

ねぎ塩とバジルの
風味でバツグンに
おいしい

カプレーゼサラダのチーズを木綿豆腐で代用。時間をかけてよく水きりすると濃厚な味になります。カリカリベーコンを散らしてワンランク上の味に。

材料（2人分）

- 木綿豆腐 **a**……1丁 た
- トマト **b**……1個 ビ
- ベーコン **c**……2枚 た 脂
- バゲット **d**……10cm 糖
- バジル **e**……10枚 ビ ミ
- リーフレタス **f**……150g ビ 食
- 塩・オリーブ油
- ねぎ塩ドレッシング（作り方p.79） 脂

作り方

1 豆腐は塩小さじ1弱をふり、厚手のペーパータオルで包んで冷蔵室で1日おく（途中で何回かペーパーの水分を絞る）。水けをきって縦半分に切り、1cm厚さに切る。トマトは半分に切り、1cm厚さに切る。ベーコンは1cm幅に切る。バゲットは3cm角に切る。

2 器にちぎったリーフレタスを盛り、豆腐、トマト、バジルを交互に盛る。

3 フライパンにオリーブ油小さじ1を熱し、ベーコンを炒める。焼けたらバゲットを加え、こんがりしたら**2**にのせてねぎ塩ドレッシング適量をかける。

食べごたえたっぷりの
サラダ

厚揚げサイコロステーキときのこのサラダ

Atsuage steak and mushroom salad

豆腐よりコクとうまみがある厚揚げ。角切りカットで
野菜とミックスすると、手軽にボリュームアップします。
きのこ、レタス、さつまいもで食物繊維も豊富。

材料（2人分）

厚揚げ a ……1枚（180g） た 脂

エリンギ b ……1パック 食 ミ

しめじ c ……1パック 食 ミ

ブロッコリー d ……½株 ビ ミ

さつまいも e ……160g 糖 食 ビ

ロメインレタス f ……150g 食 ビ

オリーブ油・焼き肉のたれ・
豆板醤

作り方

1 厚揚げは16等分に切る。エリンギは長さ半分に切り、薄切りにする。しめじ、ブロッコリーは小房に分ける。さつまいもは皮ごと1㎝厚さのいちょう切りにしてゆでる。

2 フライパンにオリーブ油小さじ1を熱し、厚揚げを焼く。空いている場所できのこ、ブロッコリーを炒め、全体に油がまわったら水少々を加えてふたをし、1～2分蒸す。焼き肉のたれ大さじ5、豆板醤小さじ1を加えてからめる。

3 器にざく切りにしたロメインレタス、**2**、さつまいもを盛る。

ちょっと手間をかけるだけで
おしゃれな仕上がりに

巣ごもりサラダのオートミールパンケーキ添え

Nesting egg salad with oatmeal pancake

目玉焼き、ベーコン、野菜に、オートミールのパンケーキを添えたプレートは朝食にもぴったり。仕上げにかけるはちみつからも糖質やミネラルがとれます。

材料（2人分）

卵 **a**……3個 た 脂

オートミール **b**……30g た 糖 食

冷凍ほうれん草 **c**……150g ビ ミ

ベーコン **d**……2枚 た 脂

ベビーリーフ **e**……50g ビ ミ

ブルーベリー **f**……16粒 ビ

ギリシャヨーグルト **g**
……大さじ2 た ミ

豆乳・きび砂糖・
ベーキングパウダー・塩・
粗びき黒こしょう・オリーブ油・
はちみつ

作り方

1 パンケーキ生地を作る。耐熱ボウルにオートミール、豆乳80㎖、きび砂糖大さじ1を入れてラップをかけ、電子レンジで1分30秒加熱する。取り出して混ぜ、卵1個、ベーキングパウダー小さじ½を加えて混ぜる。

2 フライパンを中火で熱し、**1**の⅙量を薄く広げて両面を焼く。同様にして6枚焼いたら冷凍ほうれん草、長さ半分に切ったベーコンを炒め、ほうれん草の上に卵2個を割り落とす。水少々を加えてふたをし、卵が好みのかたさになるまで蒸し焼きにする。ベーコンはカリッとしたら取り出す。

3 器に盛り、塩、粗びき黒こしょう、オリーブ油各適量をふる。ベビーリーフ、パンケーキ、ギリシャヨーグルト、ブルーベリーを添えてはちみつをかける。

バインセオ風春雨サラダ

Rice noodle salad in Banh xeo style

材料（2人分）

- むきえび **a**……150g た
- 卵 **b**……3個 た 脂
- 春雨 **c**……30g 糖
- もやし **d**……1袋 食 ビ
- にら **e**……30g ビ ミ
- リーフレタス **f**……150g 食 ビ
- しょうゆ・片栗粉・ごま油・鶏ガラスープの素・塩・こしょう

作り方

1 春雨は水でもどす。にらは3cm長さに切る。卵は溶きほぐし、しょうゆ小さじ1、水溶き片栗粉小さじ2を加えて混ぜる。

2 フライパンにごま油小さじ2を熱し、えび、もやし、にらを炒める。えびの色が変わったら春雨を加え、鶏ガラスープの素小さじ1、塩、こしょう各適量をふって取り出す。

3 フライパンの汚れを拭いてごま油小さじ2を熱し、**1**の卵液½量を混ぜて流し入れる。薄く広げて焼き、取り出す。残りも同様に焼き、ちぎったリーフレタス、**2**を½量ずつはさんで器に盛り、バインセオのたれをかけ、好みでパクチーを添える。

ナンプラー風味のたれでいただきます

炒めた具材とレタスを薄焼き卵で包み、
ベトナム料理のバインセオ風に。
卵は3個でたんぱく質は十分。低カロリーで
栄養豊富なもやしもたっぷりです。

バインセオのたれ

ナンプラー・はちみつ・レモン汁各大さじ1、しょうゆ小さじ1、赤唐辛子の輪切り½本分を混ぜる。

アボカドエッグサラダ

Avocado and egg salad

アボカドに卵を落として焼いた、おしゃれなポーチドエッグが主役。
赤いんげん豆のキドニービーンズはビタミンB_1が豊富で、糖質の代謝を助けます。

材料（2人分）

アボカド **a**……1個 脂 ビ

卵 **b**……2個 た 脂

キドニービーンズ **c**……1缶（100g） た

玉ねぎ **d**……¼個 食 ミ

リーフレタス **e**……150g 食 ビ

ライ麦パン **f**……適量 糖 ミ

塩・粗びき黒こしょう

和風オニオンドレッシング（作り方p.81） 脂

作り方

1 アボカドは半分に切って種を除き、少しくりぬいて卵を割り落とす。オーブントースターで好みのかたさに焼き、塩、粗びき黒こしょうをふる。くりぬいたアボカドは粗く切る。

2 玉ねぎはみじん切りにして水にさらし、粗く切ったアボカド、キドニービーンズとともに和風オニオンドレッシング大さじ4であえる。

3 器にちぎったリーフレタス、**2**を盛り、**1**の焼いたアボカドエッグ、ライ麦パンを添える。

食物繊維や
ミネラルたっぷり！

大豆と根菜のファイバーサラダ

Soybeans and root vegetables salad

大豆缶とひじき、根菜を混ぜるだけ。不足しがちな海藻が手軽にとれ、
レタスと食べることで食物繊維量もアップ。
トマトは抗酸化成分のリコピンも含まれています。

材料（2人分）

- 大豆水煮缶 **a** ……1缶（100g） た 食
- 芽ひじき **b** ……3g ミ
- さつまいも **c** ……150g 糖 食 ビ
- れんこん **d** ……100g 糖 食 ミ
- トマト **e** ……1個 ビ
- レタス **f** ……150g 食 ビ
- ごまドレッシング（作り方p.79） 脂

作り方

1 ひじきは水でもどす。さつまいもは1.5cm角に切り、れんこんは3～4mm厚さの半月切りにしてともにゆでる。トマトはくし形に切る。

2 ボウルに大豆、さつまいも、れんこん、ひじきを入れて混ぜ、ごまドレッシング大さじ4～5を加えてあえる。

3 器に1cm幅に切ったレタスを盛り、**2**、トマトをのせる。

サラダの楽しみ方がグンと広がる
オリジナルドレッシング

本書のサラダはドレッシングのレシピも紹介していますが、好みで自由に変えてＯＫ。ドレッシングのバリエーションが増えると、ひとつのサラダで幾通りもの味が楽しめます。

にらのピリ辛ドレッシング a

材料（2人分）

にらのみじん切り……30g
おろししょうが……1かけ分
豆板醤……小さじ1
しょうゆ・白だし・酢・水……各大さじ1
ごま油……大さじ2

作り方

すべての材料を混ぜ合わせる。

ねぎ塩ドレッシング b

材料（2人分）

長ねぎのみじん切り……50g
鶏ガラスープの素……大さじ1
レモン汁・水……各大さじ2
おろししょうが……1かけ分
オリーブ油……大さじ3
粗びき黒こしょう……少々

作り方

すべての材料を混ぜ合わせる。

ゆずごしょうドレッシング c

材料（2人分）

ゆずごしょう・水……各大さじ1
酢・オリーブ油……各大さじ2
めんつゆ（3倍濃縮）……大さじ3

作り方

すべての材料を混ぜ合わせる。

ごまドレッシング d

材料（2人分）

白すりごま……大さじ4
めんつゆ（3倍濃縮）・マヨネーズ……各大さじ2
きび砂糖・酢・牛乳……各大さじ1
白いりごま……小さじ1

作り方

すべての材料を混ぜ合わせる。

梅ポン青じそドレッシング e

材料（2人分）

青じそのみじん切り……5枚分
梅肉……20g
ポン酢しょうゆ・だし汁……各大さじ3
ごま油……大さじ1
きび砂糖・白いりごま……各小さじ1

作り方

すべての材料を混ぜ合わせる。

バルサミコガーリックドレッシング f

材料（2人分）

A バルサミコ酢……大さじ4
しょうゆ・みりん……各大さじ2
おろしにんにく……少々

B オリーブ油……大さじ2
塩・こしょう……各適量

作り方

小鍋に**A**を入れて弱火にかけ、軽く煮つめる。**B**を加えて混ぜ、さます。

ヨーグルトドレッシング g

材料（2人分）

プレーンヨーグルト……100g
おろしにんにく……小さじ½
レモン汁・オリーブ油……各大さじ1
塩……小さじ½
粗びき黒こしょう……少々

作り方

すべての材料を混ぜ合わせる。

サルサドレッシング h

材料（2人分）

トマト……小1個（100g）
玉ねぎ……¼個（50g）
A 塩・おろしにんにく……各小さじ½
レモン汁・オリーブ油……各大さじ2
こしょう……少々
好みでチリペッパー……4~5ふり

作り方

1 トマトは6~7㎜角に切り、玉ねぎはみじん切りにして水にさらす。

2 ボウルに**1**、**A**を入れて混ぜる。

アンチョビヨーグルトドレッシング k

材料（2人分）

アンチョビのみじん切り……6本分
A オリーブ油……大さじ4
おろしにんにく……2片分
B プレーンヨーグルト……120g
塩……小さじ⅓
こしょう……少々

作り方

小鍋にアンチョビ、**A**を入れて弱火にかけ、5~6分煮る。火を止めてさまし、**B**を加えて混ぜる。

豆乳シーザードレッシング n

材料（2人分）

マヨネーズ・豆乳……各大さじ3
粉チーズ……大さじ2
酢・オリーブ油……各大さじ1
塩・おろしにんにく……各小さじ½
粗びき黒こしょう……少々

作り方

すべての材料を混ぜ合わせる。

ゆずビネグレットドレッシング i

材料（2人分）

ゆず……2個

A きび砂糖……大さじ1
　オリーブ油……大さじ4
　塩……小さじ½
　こしょう……少々

作り方

1 ゆずは皮をすりおろし、果汁は約40㎖分絞る。

2 ボウルに**1**、**A**を入れて混ぜる。

梅納豆ドレッシング l

材料（2人分）

梅肉……15g

ひきわり納豆……1パック（45g）

ポン酢しょうゆ……大さじ3

ごま油……大さじ1

白いりごま……小さじ1

作り方

すべての材料を混ぜ合わせる。

焦がしねぎの中華ドレッシング o

材料（2人分）

長ねぎのみじん切り……60g

A しょうゆ・酢・はちみつ……各大さじ2
　ごま油……大さじ1
　白いりごま……小さじ1

塩・こしょう……各少々

ごま油……大さじ1

作り方

フライパンにごま油を熱し、長ねぎをきつね色になるまで炒める。**A**を加えて混ぜ、塩、こしょうで味をととのえる。

和風オニオンドレッシング j

材料（2人分）

玉ねぎのすりおろし……½個分

A おろししょうが……1かけ分
　しょうゆ・みりん・酒・酢……各大さじ2
　きび砂糖……小さじ1

B 塩・こしょう……各少々
　オリーブ油……大さじ2

作り方

小鍋に玉ねぎ、**A**を入れて弱火にかけ、3〜4分煮る。**B**を加えて混ぜる。

トマトガーリックドレッシング m

材料（2人分）

トマトのみじん切り……小1個分（100g）

A めんつゆ（3倍濃縮）……大さじ2
　おろしにんにく……小さじ½
　レモン汁・オリーブ油……各大さじ1

塩・こしょう……各少々

作り方

ボウルにトマト、**A**を入れて混ぜ、塩、こしょうで味をととのえる。

びんで作ると保存もラク

少量のドレッシング作りは空きびんを使うと簡単。調味料を入れてふたをしめ、振り混ぜるだけで油分と水分がなじみます。びんのまま保存もOK。

PART3

ちょい足しに使える！便利な作りおき

食材をプラスすることで栄養価が高まるパワーサラダでは、
さっと足せる「作りおきおかず」があると重宝。
材料が揃わないときや、作る時間がないときも、
手軽に栄養バランスが整います。サラダを食べない日は
パンやご飯のおかずとして食べてもおいしい。

野菜1種で

マーマレードジャムで
さわやかな風味を添えて

食 ビ ミ

キャロットラペ

保存｜冷蔵4～5日

材料（作りやすい量）

にんじん……2本（300g）
塩……小さじ½強
A マーマレードジャム……大さじ3
きび砂糖……大さじ1
酢……大さじ2
粗びき黒こしょう……適量

作り方

1 にんじんはせん切りにして塩をもみ込む。しんなりしたら水けを絞る。

2 ボウルに1、**A**を入れてあえる。

たビ

アスパラのナムル

保存｜冷蔵3～4日

材料（作りやすい量）

グリーンアスパラガス……12本（240g）
A 鶏ガラスープの素……小さじ1
白すりごま……大さじ2
ごま油……小さじ2
塩……ひとつまみ

作り方

1 アスパラガスは根元のかたい部分を除いて半分に切る。50秒～1分ゆでて水けをきる。

2 ボウルに**1**、**A**を入れてあえる。

ビミ

かぶの塩麹漬け

保存｜冷蔵4～5日

材料（作りやすい量）

かぶ（葉つき）……3個（430g）
塩麹……大さじ3
赤唐辛子の輪切り……½本分
塩……少々

作り方

1 かぶはくし形に切り、葉（150g）は長さを半分か3等分に切る。

2 保存容器に**1**、塩麹を入れてもみ込み、赤唐辛子の輪切り、塩を混ぜてひと晩おく。

食 ビ

紫キャベツの粒マスタードあえ

保存｜冷蔵4〜5日

材料（作りやすい量）

紫キャベツ……300g
塩……小さじ½
A 粒マスタード……大さじ2
　オリーブ油……大さじ1
　はちみつ……小さじ1

作り方

1 紫キャベツはせん切りにして塩をもみ込む。5分おき、水けを絞る。

2 ボウルに1、Aを入れてあえる。

ビ ミ 食

えのきのガーリックあえ

保存｜冷蔵3〜4日

材料（作りやすい量）

えのきだけ……2パック（280g）
A 白だし……大さじ2
　おろしにんにく……½片分
ごま油……大さじ½

作り方

1 えのきだけは根元を除き、3〜4cm長さに切る。

2 耐熱ボウルに1、Aを入れてラップをかけ、電子レンジで3〜4分加熱する。取り出してごま油を加えて混ぜる。

糖 ビ

じゃがいものクミン風味

保存｜冷蔵3～4日

材料（作りやすい量）

じゃがいも……4個

A クミン……小さじ1
にんにくのみじん切り……1片分
オリーブ油……大さじ1

塩・こしょう……各適量

作り方

1 じゃがいもはひと口大に切り、水からゆでて水けをきる。

2 フライパンに**A**を入れて弱火にかけ、パチパチしてきたら**1**を加えて中火にする。混ぜながら炒め、塩、こしょうで味をととのえる。

糖 ビ

かぼちゃのナッツあえ

保存｜冷蔵3～4日

材料（作りやすい量）

かぼちゃ……¼個（正味360g）

くるみ……25g

アーモンド……25g

塩……適量

作り方

1 かぼちゃは2～3cm角に切り、耐熱容器に入れてラップをかけ、電子レンジで4分加熱する。

2 ボウルに**1**、粗く刻んだくるみ、アーモンドを入れてあえ、軽く塩をふる。

添えるだけで
香ばしい

たんぱく質素材で

じゃこ大豆

た 食 ミ

保存｜冷蔵4～5日・冷凍1か月

材料（作りやすい量）

蒸し大豆……1缶（200g）
ちりめんじゃこ……大さじ3
片栗粉……約大さじ1
A きび砂糖・みりん・しょうゆ・酒
……各大さじ1
白いりごま……大さじ1
ごま油……大さじ1

作り方

1 大豆は片栗粉をまぶす。

2 フライパンにごま油を熱し、**1**を炒める。カリッとしてきたらちりめんじゃこを加え、さっと炒める。

3 **A**を加えてからめ、白いりごまを加えて混ぜる。クッキングシートの上に広げてさます。

和風や中華サラダに
おすすめ

麻薬煮卵

た 脂

保存｜冷蔵4～5日

材料（作りやすい量）

ゆで卵……8個分
A 長ねぎのみじん切り……1本分
おろししょうが……1かけ分
おろしにんにく……1片分
めんつゆ（3倍濃縮）・水……各120mℓ
白すりごま……大さじ2
ごま油……大さじ1
ラー油……小さじ½

作り方

保存容器に**A**、好みで花椒適量を入れて混ぜ、ゆで卵を加えてひと晩漬ける。

た

ささみのタンドリー

保存｜冷蔵4～5日・冷凍1か月

材料（作りやすい量）

鶏ささみ……8本

A プレーンヨーグルト……大さじ4
おろしにんにく・おろししょうが……各小さじ1
トマトケチャップ……大さじ2
塩……小さじ½強
こしょう……少々
カレー粉……小さじ2

作り方

ささみは筋を除き、**A**に半日以上漬ける。たれを拭いて魚焼きグリルで10分ほど焼く。

た

しっとり蒸し鶏

保存｜冷蔵3～4日・冷凍3週間

材料（作りやすい量）

鶏むね肉……2枚（600g）

A 塩麹……大さじ4
酒……大さじ2
おろしにんにく……1片分

作り方

1 鶏肉は**A**をもみ込み、2時間以上おく。

2 耐熱皿に**1**を入れ、ラップをかけて電子レンジで4分加熱する。上下を返して3～4分加熱し、そのままさます。

レシピ制作・調理

ほりえさちこ

栄養士、食育アドバイザー、ヨーグルトソムリエ、乳酸菌ソムリエ。自身の育児経験を生かした離乳食や、栄養バランスのとれた簡単でおいしい料理、弁当などのレシピが人気。雑誌やテレビなどで活躍中。『フライパン1つで2品献立』(ワン・パブリッシング)、『“作りおき＋すぐでき”おかずで糖質オフ1か月弁当』(主婦と生活社)など著書多数。

オフィシャルブログ
https://ameblo.jp/sachiko-horie/

Instagram
@sachiko2614113

6大栄養素がとれる かんたんパワーサラダ

著者
ほりえさちこ

編集人
東田卓郎

発行人
倉次辰男

発行所
株式会社 主婦と生活社
〒104-8357 東京都中央区京橋3-5-7
https://www.shufu.co.jp
電話 03-3563-5129(編集部)
03-3563-5121(販売部)
03-3563-5125(生産部)

製版所
東京カラーフォト・プロセス株式会社

印刷所
大日本印刷株式会社

製本所
下津製本株式会社

STAFF

AD
三木俊一

デザイン
西田寧々(文京図案室)

撮影
難波雄史

調理アシスタント
いのうえ陽子・板井香保里

スタイリング
坂本典子(シェルト*ゴ)

構成・文
坂本典子・佐藤由香(シェルト*ゴ)

校閲
滝田 恵(シェルト*ゴ)

編集
東田卓郎

ISBN978-4-391-16170-0